Questions et réponses

NOUS, LES CHIENS

Racont

Texte fra

 S

Catalogage avant publication de Bibliothèque et Archives Canada

Dewin, Howard
Nous, les chiens : questions et réponses / Howie Dewin; texte français
de Claudine Azoulay.

Traduction de : The dog : why are dogs' noses wet?
ISBN 978-0-545-99880-2

1. Chiens--Miscellanées--Ouvrages pour la jeunesse. 2. Chiens--
Ouvrages illustrés--Ouvrages pour la jeunesse. 3. Questions et réponses
d'enfants. I. Titre.
SF426.2.D4914 2006   j636.7   C2007-904031-4

Titre original : The Dog – Why Are Dogs' Noses Wet and Other True facts

Édition publiée par les Éditions Scholastic,
604, rue King Ouest, Toronto (Ontario) M5V 1E1.

5 4 3 2 1   Imprimé au Canada   07 08 09 10 11

Ouah! ouah!

Du bout du museau jusqu'au bout de la queue, nous, les chiens, faisons des choses bizarres. Nous l'admettons. Et tu nous trouves comiques, n'est-ce pas? Mais il est temps à présent de savoir pourquoi. C'est pour cette raison que nous avons écrit ce livre. Nous hurlons, creusons, bavons et faisons la révérence... mais nous avons un tas de bonnes raisons d'agir comme ça.

Es-tu prêt à découvrir POURQUOI nous sommes ce que nous sommes?

Pourquoi le nez des chiens est-il toujours mouillé?

La réponse à cette question est facile, puisque ce n'est pas vrai. Notre nez n'est pas toujours mouillé. Il ne l'est que si nous le léchons, ce qui semble logique, non?

Les humains prétendent que si un chien a le nez mouillé, c'est qu'il est en bonne santé. Ce n'est pas tout à fait exact non plus. La raison pour laquelle les gens le croient est la suivante : normalement, un chien heureux et en bonne santé se passe souvent la langue sur le nez. Par conséquent, un chien en bonne santé a souvent le nez mouillé. Un chien qui ne se sent pas bien se léchera moins le nez.

Et voilà! Il ne faut pas croire tout ce qu'on raconte!

Le plus susceptible d'avoir le nez mouillé

Et le gagnant est...

Le caniche! Le nom caniche vient du mot cane (la femelle du canard). On a nommé ce chien ainsi parce qu'il aime barboter dans l'eau.

Mention honorable :

Le labrador retriever... et pas seulement le nez! Les labradors sont le plus heureux quand ils sont dans l'eau. Ils aiment rapporter quelque chose de spécial à leur meilleur ami.

Pourquoi les chiens flairent-ils TOUT?

N'est-il pas plus amusant de faire ce qu'on fait bien plutôt que ce qu'on fait mal? Il se trouve que les chiens sont d'excellents renifleurs. Nous le faisons donc beaucoup. Ce n'est pas pour nous vanter, mais notre flair est bien meilleur que celui des humains.

Les chiens ont environ 220 millions de cellules pour sentir. Un être humain n'en possède qu'environ 5 millions.

Un odorat développé nous permet de savoir ce qui se passe dans les environs. Il nous indique où nous nous trouvons. Il nous révèle qui était là avant nous. Nous pouvons savoir s'il y a un danger ou de la nourriture dans les parages. Quelle que soit la chose à trouver, nous pouvons la découvrir grâce à notre odorat.

C'est justement en raison de notre odorat que beaucoup d'entre nous ont un travail. Par exemple, nous sommes excellents pour aider à faire respecter la loi.

Le nez le plus fin

Et le gagnant est...

Même si le loup ne fait pas un très bon animal de compagnie, c'est un genre de chien sauvage. Un loup est capable de sentir un cerf à une distance de 2,5 km! Et il peut entendre un hurlement à une distance de 6 km.

Un exemple de courage

As-tu déjà entendu parler de Balto, le super chien de traîneau? En 1925, Balto était le chien de tête du dernier attelage qui a livré un sérum antitoxique à Nome, en Alaska. Il a sauvé les enfants de Nome d'une épidémie de diphtérie. Tout un chef de meute!

Pourquoi les chiens bavent-ils?

Nous comprenons fort bien que cela peut te dégoûter de nous voir baver. C'est aussi un peu dégoûtant pour certains d'entre nous. (Nous ne bavons pas tous!) Mais nous voulons défendre ces chiens qui bavent. Ce n'est vraiment pas leur faute. Ce phénomène se produit parce qu'ils ont de la peau flasque autour de leurs mâchoires et de leurs gueules.

Les chiens comme le basset, le bullmastiff et le saint-bernard sont parmi les plus baveux. Dès qu'ils commencent à faire de l'exercice ou à manger, leurs glandes salivaires s'activent (exactement comme les tiennes). Ils sont incapables de les maîtriser.

Ce n'est pas ce qu'on appelle « avoir l'eau à la bouche »?

 QUESTION SANTÉ

Si ton chien se met subitement à baver alors qu'il ne le fait pas normalement, cela pourrait indiquer que quelque chose ne va pas. Il est donc conseillé de consulter le vétérinaire.

Le plus gros mangeur

Et le gagnant est...

Le chien de traîneau husky de Sibérie! Oh là là, qu'est-ce qu'ils mangent, ces chiens de traîneau! La plupart des chiens consomment environ 1500 calories par jour. Un chien de traîneau en consomme entre 10 000 et 14 000! On peut dire qu'il mange beaucoup plus que « comme quatre »!

Pourquoi les chiens hurlent-ils à la lune?

Si tu étais capable d'appeler tous tes amis en même temps, tu ne le ferais pas?

Tu n'aurais pas besoin de te servir d'un téléphone, et l'appel serait gratuit. Tu pourrais parler à tout le monde en même temps.

C'est pas mal cool, hein? Les hurlements servent exactement à ça, pour nous, les chiens. C'est notre façon de dire : « Hé! est-ce qu'il y a quelqu'un dans les environs qui appartient à ma bande? Viens me retrouver ici, sous la lune, à minuit pile. Je t'attendrai. »

Bien entendu, certains d'entre nous hurlent tout simplement parce qu'ils aiment chanter.

P.-S. Nous ne hurlons pas réellement à la lune. Mais comme il est plus facile de hurler en penchant la tête en arrière, ça donne l'impression de hurler à la lune.

Le moins susceptible de hurler

Et le gagnant est...

Le basenji! Pauvre bête! Ce chien-loup africain est le seul chien au monde qui est incapable d'aboyer. Qu'est-ce que tu en dis? (Plus que le basenji, je parie.)

Tout en famille

Une meute doit-elle être composée uniquement de chiens? Juges-en plutôt par cette histoire étonnante, intitulée *L'Incroyable Voyage*. Elle met en scène un bull terrier, un labrador retriever et un CHAT siamois. Ces trois amis ont parcouru plus de 300 km dans les montagnes Rocheuses pour retrouver leur famille!

Pourquoi les chiens remuent-ils autant les oreilles?

Les oreilles sont un moyen de communication très important. Elles ne servent pas qu'à écouter. Nous, les chiens, utilisons aussi nos oreilles pour parler.

Un chien qui écoute attentivement aura sans doute les oreilles dressées. Nous avons tendance à le faire lorsque nous entendons les mots « promener » ou « os ».

Un chien qui veut dire « ce n'est pas moi qui commande » aura sans doute les oreilles baissées.

Ce n'est pas tellement différent de ce qui se passe chez les humains. Si tes oreilles étaient aussi belles que les nôtres, tu les remuerais sans doute beaucoup, tout comme nous.

Les plus grandes oreilles

Et le gagnant est...

Le basset... bas les pattes! Ou, dans ce cas-ci, bas les oreilles! Un des plus gros problèmes du basset, c'est d'essayer de ne pas marcher sur ses oreilles. As-tu déjà entendu un truc pareil?

Comment les chiens entendent-ils des sifflets qui ne font aucun bruit?

Tu pourrais croire qu'un sifflet pour chien ne fait aucun bruit, mais nous, nous trouvons que ce sifflet produit un son qui ressemble à celui d'un tuba. En effet, les chiens entendent une gamme de sons beaucoup plus étendue que celle perçue par les humains.

Ce n'est pas pour nous vanter, mais la réalité est là. La hauteur du son se mesure en unités appelées hertz. Les chiens perçoivent jusqu'à 100 000 hertz tandis que les humains ne peuvent entendre qu'un son dont la hauteur se situe entre 16 000 et 20 000 hertz.

Désolé, mais la vérité n'est pas toujours agréable à entendre.

Le plus susceptible de réussir

Et le gagnant est...

Le chien est un loup pour le chien. Il faut être intelligent pour s'en sortir! C'est pourquoi nous attribuons ce prix aux chiens les plus intelligents que nous connaissons : le berger australien, le colley, le caniche et le doberman.

Qui cherche trouve

Savais-tu qu'un saint-bernard est capable de secourir une personne ensevelie sous la neige? Un saint-bernard célèbre, Barry, a sauvé plus de 40 personnes entre 1800 et 1810!

Pourquoi les chiens font-ils une révérence?

Si tu voyais un chien en train d'aboyer, les pattes de devant tendues, la poitrine au sol, le derrière en l'air, les oreilles vers l'arrière, la queue relevée et qui remue, qu'est-ce que tu ferais?

A. Tu te sauverais et grimperais dans un arbre.
B. Tu donnerais à manger au chien.
C. Tu prendrais une balle et tu te mettrais à jouer.
D. Tu ferais à ton tour une révérence au chien.

La réponse est C! Tous ces gestes veulent dire : « Allons jouer! » Nous utilisons le langage corporel pour nous faire comprendre. La prochaine fois que tu verras un chien agir ainsi, prends le premier bâton venu et lance-le!

Le plus joueur

Et le gagnant est...

Le terrier-cairn! Ce chien sait comment s'amuser... et comment aboyer aussi! Tu penses peut-être qu'il est bruyant; nous le qualifions de joueur.

Pourquoi les chiens creusent-ils?

Pourquoi nous creusons? Mais parce que c'est vraiment, vraiment amusant! Et c'est notre travail.

Nous pouvons te donner un tas de bonnes raisons pour lesquelles nous creusons.

POUR NOUS RAFRAÎCHIR

T'es-tu déjà allongé dans un trou creusé par un jour de grande chaleur? C'est la plus belle sensation au monde.

POUR CHASSER

As-tu déjà pourchassé une taupe jusqu'au fond de son trou? C'est amusant et il faut creuser vite.

POUR NOUS ENFUIR

As-tu déjà essayé de sauter une clôture de deux mètres? C'est plus facile de passer par-dessous que par-dessus.

POUR ENTERRER DES OBJETS

As-tu déjà essayé d'enterrer quelque chose sans creuser? C'est pas mal impossible.

POUR FAIRE DE L'EXERCICE

As-tu déjà creusé intensivement pendant 20 minutes? Ça donne des gros muscles!

Le plus susceptible de creuser

Et le gagnant est...

Nous avons partagé le prix. N'importe quel chien dont le nom comporte le mot terrier est un gagnant. Les terriers sont experts en creusage.

Pourquoi les chiens enterrent-ils des os?

Pourquoi as-tu mis la moitié de ton sandwich au thon dans le réfrigérateur pour le manger plus tard? Nous enterrons des choses sans doute pour les mêmes raisons que toi.

Autrefois, nous, les chiens, étions sauvages et libres dans la nature. Nous devions chasser pour nous nourrir. Il nous arrivait souvent de tuer des proies trop grosses pour les manger en une seule fois. Si nous avions eu des ailes, nous aurions pu transporter les restes de nos repas en haut d'un arbre. Ou bien, si nous avions eu un réfrigérateur, nous aurions pu essayer de les conserver comme tu le fais. Mais nous n'en avions pas.

C'est pourquoi nous enterrions nos restes, pour les retrouver plus tard. Sinon, les hyènes, les vautours ou d'autres animaux nous auraient volé notre nourriture.

Le moins susceptible de partager ses restes

Et le gagnant est...

Nous n'arrivons pas à désigner un gagnant. Exactement comme les humains, beaucoup de chiens sont parfois d'humeur changeante.

Un trésor bien enterré

As-tu entendu parler de l'homme qui, en promenant son chien sur la plage, a découvert une hache vieille de 550 000 ans? Il se peut que ce soit l'objet le plus ancien fabriqué par l'homme, jamais trouvé en Europe du Nord.

Pourquoi les chiens rapportent-ils des choses?

Ce ne sont pas tous les chiens qui rapportent. La plupart des chiens sont dressés pour rapporter. Certains, comme les labradors et les border collies, rapportent d'instinct. Mais un grand nombre d'entre nous ne veulent pas rapporter ce qu'ils ont dans la gueule.

Les border collies apprennent à « rapporter » les moutons à leurs maîtres, les fermiers. Ils vont chercher les bêtes qui s'égarent du troupeau. Ils savent rassembler le bétail!

Eh bien, voilà ce qui s'appelle rapporter!

Le chouchou

Et le gagnant est...

Le golden retriever. Ce chien possède et la beauté et l'intelligence. En plus, on peut compter sur lui; il est affectueux et joueur... et il n'abîme pas les meubles.

Pourquoi les chiens se couchent-ils sur le dos?

Il est essentiel de savoir qui est le chef. Nous, les chiens, avons trouvé un moyen de mettre les choses au clair. Quand nous nous réunissons, nous nous faisons rapidement passer le mot et ce, de plusieurs façons.

Un chien qui se couche sur le dos sait indubitablement que ce n'est pas lui qui commande!

Si un chien essaie de dire : « Je ne vais pas causer de problèmes. C'est toi le chef, pas moi! », le mot clé est BAISSER.

Baisser les yeux.
Baisser la queue (et la garder entre les pattes).
Baisser les oreilles.

Il pourrait aussi tenter de te lécher le visage, si tout le reste échoue.

Le plus gentil

Et le gagnant est...

Là encore, le choix est difficile. Nous sommes tous affectueux, au fond. Nous reconnaissons quand même que le beagle est l'un des chiens les plus gentils, même s'il risque de causer des petits ennuis par-ci, par-là.

Pourquoi les chiens perdent-ils leurs poils?

La plupart des gens croient que nous perdons nos poils en raison des changements de température. En réalité, c'est à cause de la luminosité. Plus il y en a (comme c'est le cas durant les jours d'été plus longs et plus ensoleillés), plus nous perdons de poils.

Tous les chiens perdent leurs poils, certains plus que d'autres. Ça ne fait jamais de mal de nous aider avec un bon coup de brosse. Un brossage régulier nous rend beaux, et notre pelage et notre peau restent en bon état.

QUESTION SANTÉ

Les chiens peuvent se mettre à perdre leurs poils s'ils sont malades ou stressés ou, dans le cas d'une femelle, si elle est enceinte. Par conséquent, si ton chien perd plus de poils que d'habitude, tiens-en compte.

Le plus beau pelage

Et le gagnant est...

Le lévrier afghan! Ce chien a un beau pelage, très doux.

Pourquoi les chiens s'excitent-ils autant en voyant d'autres chiens?

Nous trouvons cette question un peu bête. Qu'est-ce qui pourrait être plus excitant pour nous que de voir un autre chien? Nous sommes des animaux de meute. Nous adorons courir avec une bande de créatures comme nous.

Mais ce n'est pas aussi désordonné qu'il y paraît. Nous choisissons parfois un chef pour que tout le monde sache qui dirige la bande. Cette décision se prend en général après avoir bien flairé tout le monde. Voilà pourquoi il est si important, quand on voit un autre chien, de s'en approcher. C'est plutôt difficile de flairer comme il faut si on ne nous laisse pas nous approcher suffisamment.

Le plus susceptible d'être le chef de meute

Et le gagnant est...

Nous pensons qu'il est juste de remettre ce prix à deux chiens. Nous l'attribuons donc au grand doberman-pinscher et au petit chihuahua. L'autorité n'est pas qu'une question de taille, c'est aussi une question de tempérament.

Pourquoi les chiens remuent-ils la queue?

Notre queue est un élément plutôt important. Si nous la remuons librement, c'est une façon de dire :

« Hé! comment vas-tu? Content de te voir! Tu veux jouer? Est-ce que tu as une balle? Ce serait amusant de jouer avec une balle, non? Est-ce que je t'ai dit bonjour? Salut! Bonjour! Ça va bien? »

Mais tu peux aussi voir l'un de nous garder la queue basse, ce qui vent probablement dire :

« Je te trouve bien sympa, mon gars. Tu es plus gros et plus fort que moi. Je ne vais pas t'embêter. »

Le plus susceptible de remuer la queue

Et le gagnant est...

Le setter irlandais! Et pourquoi ne le ferait-il pas? Il est à la fois beau, joueur et intelligent!

Mention honorable :

L'épagneul breton... à condition qu'on ne lui coupe pas la queue.

Quel genre de chien comique aimerais-tu avoir?

Quelles races conviendraient à toi et à ta famille? Pour le savoir, pose-toi les questions suivantes : Où est-ce que nous habitons? Avons-nous assez d'espace pour un chien? Avons-nous une cour? Avons-nous d'autres animaux à la maison? Combien de temps pouvons-nous consacrer à un chien?

Une fois que tu auras choisi des races (ou des mélanges de races), tu devrais faire connaissance avec des chiens bien réels. Il y en a beaucoup qui attendent d'être adoptés!

Chiens et humains ont beaucoup de points communs. Chacun à notre manière, nous avons des comportements bizarres. Donc, exactement comme tu dois apprendre à connaître tes amis humains, il te faut apprendre à connaître les chiens.

Nous, les chiens, te promettons qu'il y a le chien idéal pour toi quelque part. Il ne te reste qu'à le trouver.

Bonne chance... ou, en langage de chien : OUAH!